BERÇO DAS AVES

Neide Simões de Mattos　　　　**Suzana Facchini Granato**

Conforme a nova ortografia

Formato

FICHA CATALOGRÁFICA
Dados Internacionais de Catalogação na Publicação (CIP)
(Câmara Brasileira do Livro, SP, Brasil)

Mattos, Neide Simões de
  Berço das aves / Neide Simões de Mattos, Suzana
Facchini Granato. — São Paulo : Formato
Editorial, 2012.
    ISBN 978-85-7208-767-4
    ISBN 978-85-7208-768-1 (professor)
    1. Literatura infantojuvenil I. Granato, Suzana
Facchini. II. Título.

12-01564   CDD-028.5

Índices para catálogo sistemático:
1. Literatura infantil   028.5
2. Literatura infantojuvenil   028.5

BERÇO DAS AVES

Copyright © Neide Simões de Mattos e Suzana Facchini Granato, 2011

Gerente editorial **Rogério Carlos Gastaldo de Oliveira**
Editora-assistente **Andreia Pereira**
Auxiliares de serviços editoriais **Rute de Brito e Mari Tatiana Kumagai**
Estagiário **Daniel de Oliveira**
Preparação de texto **Tássia Gomes Santana**
Revisão **Pedro Cunha Jr.** e **Lilian Semenichin (coords.) / Aline Araújo**
Pesquisa iconográfica **Cristina Akisino (coord.) / Márcia Alessandra Trindade Galvão**
Imagem de capa **Edson Grandisoli**
Imagem de quarta capa (detalhe) **Fabio Colombini**

Projeto gráfico e diagramação **Arlete R. Braga**

Impressão e acabamento **Prol Editora Gráfica**

Direitos reservados à SARAIVA S.A. Livreiros Editores
Rua Henrique Schaumann, 270 – Pinheiros
05413-010 – São Paulo – SP

SAC | 0800-0117875
    | De 2ª a 6ª, das 8h30 às 19h30
    | www.editorasaraiva.com.br/contato

1ª edição
2ª tiragem, 2014

959977.001.002

AS AVES CONSTROEM NINHOS PARA PROTEGER OVOS E FILHOTES. ELAS USAM MUITOS TIPOS DE MATERIAIS, COMO GRAVETOS, FOLHAS, RAMINHOS, RAÍZES, TALOS, MUSGOS, LIQUENS, PLUMAS, PELOS DE ANIMAIS, BARRO E ATÉ FIOZINHOS DE BARBANTE, PLÁSTICO E OUTROS.

Fotos: Fabio Colombini

MUITOS NINHOS SÃO UMA SIMPLES CAVIDADE RASA NO CHÃO OU UM BURACO EM TRONCO DE ÁRVORE OU ROCHEDO.

OUTROS, PORÉM, SÃO FEITOS COM MUITO CAPRICHO E PARECEM OBRAS DE ARTE.

3

Escolhido o lugar para fazer o ninho, as aves realizam muitas viagens para buscar o material e ajeitá-lo direito. Imaginem o trabalho que é construir com o bico e, algumas vezes, com a ajuda dos pés.

Fotos: Marcus Vinicius

Haroldo Palo Jr.

A PERDIZ PREPARA UMA CAVIDADE
RASA NO CHÃO, FORRADA COM
FOLHAS SECAS. ELA, OS OVOS E OS
FILHOTES FICAM BEM DISFARÇADOS
NESSE TIPO DE NINHO.

Zig Koch/Natureza Brasileira

O JABURU É UMA AVE MUITO GRANDE, QUE FAZ NINHOS ENORMES NO TOPO DAS ÁRVORES. ELE EMPILHA GALHOS E USA BARRO PARA FIRMAR A BASE DO NINHO.

Claus Meyer/Tyba

OS BEIJA-FLORES CONSTROEM NINHOS PEQUENINOS E MACIOS, EM FORMATO DE TIGELA OU DE FUNIL. ELES UTILIZAM FIAPOS, PLUMAS E TEIAS DE ARANHA, QUE COLAM COM A PRÓPRIA SALIVA.

Edson Grandisoli

O JOÃO-DE-BARRO É UM VERDADEIRO
ARQUITETO. ELE CONSTRÓI UM NINHO EM
FORMA DE FORNINHO DE BARRO, COM DOIS
CÔMODOS. O CASAL TRABALHA JUNTO,
CARREGANDO AS PELOTINHAS DE BARRO
PARA FAZER AS PAREDES.

Outro pássaro, o joão-botina, faz um ninho que parece uma bota. Ele é construído com ramos secos e pendurado em um galho de árvore. Tem dois cômodos forrados de capim.

Flávio Brandão

O ninho do bem-te-vi é redondo, do tamanho de uma bola de futebol com uma abertura lateral. Ele é feito com talos secos de capim, paina e outros materiais finos e macios.

Fabio Colombini

O sabiá-laranjeira faz ninho em formato de tigela funda, bem apoiado em galhos grossos. Utiliza fibras vegetais e musgo reforçados com barro.

PERIQUITOS CONHECIDOS COMO
CATURRITAS FAZEM NINHOS
COMUNITÁRIOS. CADA CASAL CONSTRÓI
SEU NINHO GRUDADO NOS VIZINHOS.
O CONJUNTO FICA BEM GRANDE, COM
UMA ABERTURA PARA CADA NINHO.

Hermann Redies

Os mergulhões são aves aquáticas que vivem em lagoas. Eles constroem com gravetos grandes ninhos flutuantes. Quando saem do ninho escondem os ovos com folhas e raminhos.

Darreli Gulin/CORBIS/LatinStock

CERTOS PÁSSAROS, CONHECIDOS COMO TECELÕES,
CONSTROEM BELOS NINHOS EM FORMATO DE BOLSA,
PENDURADOS EM ÁRVORES E PALMEIRAS.
SÃO MUITO ADMIRADOS PELA GRANDE HABILIDADE
EM ENTRELAÇAR FIBRAS VEGETAIS.

O XEXÉU E O GUAXE SÃO
PÁSSAROS TECELÕES. ELES
FORMAM GRANDES CONJUNTOS DE
NINHOS NAS BORDAS DE MATAS OU
NAS ÁRVORES DE BARRANCO DE RIOS.
É UM LINDO ESPETÁCULO!

Meu nome é Suzana Facchini Granato.
Sou bióloga e professora.
Nasci e vivo em São Paulo, mas adoro
fugir daqui para lugares onde haja uma natureza
vibrante e muito bicho.
Nosso planeta, a Terra, está precisando de gente que cuide dela
com mais carinho! Para isso, é preciso conhecer melhor seus
ambientes e os seres que neles vivem.
Eu e a Neide já escrevemos muitos livros juntas.
Esperamos, com isso, mostrar para vocês, crianças,
como a natureza é linda e merece ser cuidada.
Tomara que vocês gostem deste livro!

Sou Neide Simões de Mattos, professora aposentada.
Estudei Biologia para conhecer melhor
o que existe na natureza e como ela funciona.
Continuo estudando e aprendendo cada vez mais.
Gosto de escrever para mostrar a vocês o que sei
e como é importante esse conhecimento.
Dependemos do nosso ambiente natural e de todos
os seres que nele existem.
Espero que vocês não só apreciem a natureza,
mas se tornem, também, protetores dela.